PRESENTACIÓN

Este diccionario va destinado a los niños y a las niñas que comienzan a dar sus primeros pasos en la lengua inglesa, así como aquellos que ya tienen nociones y deseen ampliar su vocabulario básico.

Como puede apreciarse, es un libro con un tamaño de letra apropiado y unas ilustraciones muy claras y atractivas a color, que facilitan su utilización y a la vez estimulan su interés por la lengua y su aprendizaje.

Cada palabra está impresa en «negrita» y junto a ella se encuentra, entre paréntesis, su pronunciación. Esta pronunciación ha sido realizada teniendo en cuenta los sonidos del español que el niño ya conoce y se indica además el acento principal de la palabra (prosódico) para conseguir una entonación inglesa.

El vocabulario de este diccionario ha sido elegido teniendo en cuenta las palabras más utilizadas por los niños y niñas en los distintos ámbitos en los que se mueven: la casa, el colegio, la calle...

Al final del libro se puede encontrar información que gira en torno a diversos centros de interés: meses del año, días de la semana, colores, Halloween, Navidad, etc...

En definitiva, los objetos de este diccionario son:

- Ayudar al niño en sus primeros pasos en el manejo del diccionario (uno de los libros más utilizados a lo largo de la vida).

- Adquirir un vocabulario básico para la comunicación.

- Iniciar en la fonética para una posterior comprensión de la transcripción fonética internacional.

- Y sobre todo, que el niño o la niña aprendan sin darse cuenta, pasando unos momentos divertidos.

Quiero terminar animándoos a vosotros: padres, profesores y profesoras, en definitiva, educadores, a inventar juegos con el diccionario.

Un abrazo

Ana Serna Vara

Aprende Inglés en 1000 palabras

absent *(ábsent)*   ausente

accident *(áksedent)*   accidente

ache *(eik)*   dolor

acrobat *(ákrebat)*   acróbata

add (to) *(ad)*   sumar

address *(adrés)*   dirección

adult *(ádalt)*   adulto

adventure *(edvéntcha)*   aventura

advertisement *(edvértesment)*   anuncio

aerial *(ériel)*   antena

aeroplane *(éreplein)*   avión

afraid (to be) *(efréid)*   asustado (estar)

afternoon *(aaftenúun)*   tarde

age *(eich)*   edad

air *(er)*   aire

airport *(érport)*   aeropuerto

alarm *(eláam)*   alarma

all *(ool)*   todo

alligator *(áligueiter)*   caimán

alone *(elóun)*   solo

alphabet *(álfebet)*   alfabeto

ambulance *(ámbiulens)*   ambulancia

anchor *(ánka)*   ancla

angry *(ángri)*   enfadado

animal *(ánimel)*　　animal

ankle *(ánkel)*　　tobillo

answer (to) *(ánsa)*　　contestar

ant *(ant)*　　hormiga

antelope *(ánteloup)*　　antílope

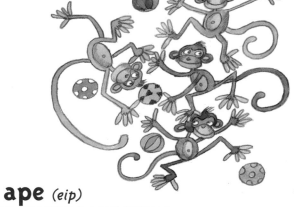

ape *(eip)*　　mono

appetite *(ápetait)*　　apetito

apple *(ápel)*　　manzana

apricot (éipricot)   albaricoque

aquarium (ekúeriem)   acuario

arithmetic (erízmetic)   aritmética

arm (aam)   brazo

armchair (aamchér)   sillón

arrow (árou)   flecha

artist (áatist)   artista

ask (to) (aask)   preguntar

asleep *(eslíip)* dormido

astronaut *(ástrenoot)* astronauta

athlete *(ázliit)* atleta

atlas *(átles)* atlas

attentive *(aténtiv)* atento

avocado *(avekáadou)* aguacate

awake *(euéik)* despierto

awful *(óofel)* horrible

B

baby (béibi)   bebé

back (bak)   espalda

bacon (béikon)   tocino

bad (bad)   malo

bag (bag)   bolsa, bolso

baker (béika)   panadero

ball (bool)   balón

balloon (belúun)   globo

8 eight

banana *(benáane)*   plátano

bank *(bank)*   banco

barbecue *(báabekiu)*   barbacoa

bare *(beer)*   desnudo

bark (to) *(baak)*   ladrar

barrel *(bárel)*   barril

basket *(báasket)*   cesta

bath *(baaz)*   bañera
bathroom *(báazruum)*   cuarto de baño

battery (*báteri*)   pila (eléctrica)

beach (*biich*)   playa

beak (*biik*)   pico (de ave)

bear (*beer*)   oso

beautiful (*biuutifel*)   bonito

bed (*bed*)   cama
bedroom (*bédruum*)   dormitorio

bell (*bel*)   timbre

belt (*belt*) cinturón

between (*bitúiin*) entre (dos cosas)

bicycle (*báisikel*) bicicleta

big (*big*) grande

bird (*beed*) ave

birthday (*béezdei*) cumpleaños

biscuit (*bískit*) galleta

bite (to) (*bait*) morder

bitter *(bíter)* amargo

blanket *(blánket)* manta

blond *(blond)* rubio

boat *(bout)* barco

boil (to) *(boil)* cocer

book *(buk)* libro

boomerang *(búumeran)* bumerán

bottle (*bótel*) botella

box (*boks*) caja

boy (*boi*) chico

bread (*bred*) pan

break (*breik*) recreo

bring (to) (*brin*) traer

butterfly (*báteflai*) mariposa

cabbage (*kábich*)   repollo

calendar (*kálenda*)   calendario

cannon (*kánen*)   cañón

cap (*kap*)   gorra

car (*kaar*)   coche

carpet (*káapet*)   alfombra

cartoons (*kaatúuns*) dibujos animados

cassette (*kasét*)   cinta de casete

castle *(káasel)*   castillo

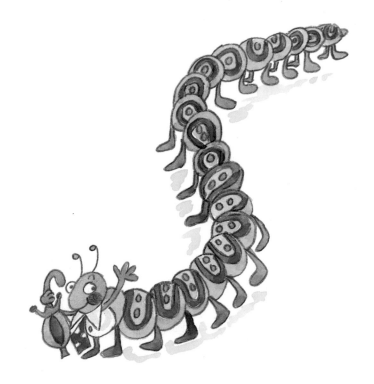

cat *(kat)*   gato

caterpillar *(kátepila)*   oruga

chair *(cheer)*   silla

change (to) *(cheinch)*   cambiar

cherry *(chéri)*   cereza

choose (to) *(chuus)*   elegir

star *(staar)*
estrella

Christmas Tree
(Krismes trii)
árbol de navidad

Father Christmas
(Fáader Krismes)
Papá Noel

chimney
(chimni)
chimenea

candle
(kándel)
vela

toy *(toi)*
juguete

sock *(sok)*
calcetín

present
(présent)
regalo

card
(kaad)
tarjeta

turkey *(téeki)*
pavo

angel
(éinyol)
ángel

stable
(stéibel)
establo

carol *(károl)*
villancico

St. Joseph
(seint yóusef)
San José

Baby Jesus
(béibi yíses)
Niño Jesús

Virgin Mary
(véryen Méri)
Virgen María

sheep
(shiip)
oveja

Three Wise Men
(zrii wais men)
Los tres Reyes Magos

24
DECEMBER
Christmas Eve
(Krismes iiv)
Nochebuena

Christmas Day
(Krismes dei)
Navidad
25
DECEMBER

Christmas *(krísmes)*

Navidad

church *(cheech)*   iglesia

cinema *(sénema)*   cine

circus *(séekes)*   circo

clap (to) *(klap)*   aplaudir

clock *(klok)*   reloj

clothes *(klouds)*   ropa

clown *(klaun)*   payaso

cold *(kould)*   frío

light blue
(lait bluu)
azul claro

silver
(silver)
plata

pink
(pink)
rosa

gold
(góuld)
oro

green
(griin)
verde

black
(blak)
negro

yellow
(iélou)
amarillo

dark blue
(daak bluu)
azul oscuro

red
(red)
rojo

orange
(órench)
naranja

purple
(peepol)
morado

grey
(grei)
gris

brown *(braun)*
marrón

white
(uait)
blanco

colours *(káles)*

colores

cook *(kuk)*   cocinero

copy (to) *(kópi)*   copiar

country *(kántri)*   campo

cow *(kau)*   vaca
cowboy *(kauboi)*   vaquero

crown *(kraun)*   corona

cry (to) *(krai)*   llorar

curtain *(kéeten)*   cortina

cushion *(kúshon)*   cojín

nineteen 19

daily *(déili)*   diario, periódico

daisy *(déisi)*   margarita

dance (to) *(daans)*   bailar

danger *(déindya)*   peligro

dark *(daak)*   oscuro

day *(dei)*   día

dentist *(déntest)*   dentista

desk *(desk)*   pupitre

detective *(ditéktef)*   detective

diamond *(dáiemend)*   diamante

dice *(dais)*   dado

dictionary *(díksheneri)*   diccionario

different *(difrent)*   diferente

difficult *(dífikelt)*   difícil

dinner *(díne[r])*   cena

dinosaur *(dáinesoor)*   dinosaurio

D

dirty *(déeti)*   sucio

dish *(dish)*   plato (guiso)

do (to) *(duu)*   hacer

doctor *(dókta)*   médico

dog *(dog)*   perro

doll *(dol)*   muñeca

dolphin *(dólfen)*   delfín

door *(doo)*   puerta

down (*daun*)   abajo

dozen (*dásen*)   docena

dragon (*dráguen*)   dragón

dream (*driim*)   sueño

CIRCLE and WRITE

Rodea los grupos de letras que representen alguna prenda de las aquí dibujadas.
Después escríbelo debajo.

eagle *(íiguel)* águila

ear *(ía)* oreja

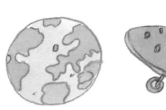

earth *(erz)* tierra

easy *(íisi)* fácil

eat (to) *(íit)* comer

echo *(ékou)* eco

egg *(eg)* huevo

elbow *(élbou)* codo

elephant (élifent) elefante

end (end) final

enormous (inóomes) enorme

envelope (énveloup) sobre (para carta)

equal (iikuel) igual

eraser (iréiser) goma (de borrar)

evening (iivnin) tarde, noche

exam *(eksám)*   examen

excellent *(ékselent)*   excelente

exercise *(éksesais)*   ejercicio

exit *(éksit)*   salida

explode (to) *(eksplóud)*   estallar

eye *(ai)*   ojo
eyebrow *(aibrau)*   ceja

grandson
(*gránsan*)
nieto

grandfather
(*gránfaada*)
abuelo

grandmother
(*gránmada*)
abuela

granddaughter
(*grándoota*)
nieta

parents (*pérents*)
padres

daughter
(*dóota*)
hija

son (*san*)
hijo

father (*fáada*)
padre

mother (*máda*)
madre

brother (*bráda*)
hermano

sister (*sísta*)
hermana

niece (*niis*)
sobrina

aunt
(*aant*)
tía

cousin
(*kásen*)
primo/a

uncle
(*ónkel*)
tío

nephew
(*néfiu*)
sobrino

family (*fámeli*)   **familia**

F

far *(faar)*   lejos

fast *(fast)*   rápido

fat *(fat)*   gordo

fear (to) *(fier)*   temer

feather *(féda)*   pluma

field *(fiild)*   campo

film *(film)*   película

find (to) *(faind)*   encontrar

finger *(fínger)*   dedo

fire *(fáia)*   fuego

fireman *(fáiaman)*   bombero

fish *(fish)*   pez

flag *(flag)*   bandera

floor *(floor)*   piso

flower *(fláuer)*   flor

fly *(flai)*   mosca

food *(fuud)*   comida

F

foot *(fut)*   pie

football *(fútbool)*   fútbol

forest *(fórest)*   bosque

forget (to) *(feguét)*   olvidar

fork *(fook)*   tenedor

fox *(foks)*   zorro

free *(frii)*   libre, gratis

friend *(frend)*   amigo

frog
(frog)
rana

```
ORANGEHTPO
PTUBANANAU
ELAPPLEYNS
AMELONTSOI
RSEPARGKLP
WATERMELON
STRAWBERRY
```

fruit *(fruut)*   fruta

Circle and match *(séekel and match)*
the names of these fruits *(de neims ov diis fruuts).*

What is this? */uot/ /is/ /dis/*

Rodea y une cada nombre
con la fruta correspondiente.

¿Qué es esto?

- bed
- table
- chair
- lamp
- carpet

furniture *(féenicha)*   mobiliario

game *(gueim)*   juego

garage *(gárech)*   garaje

garden *(gáaden)*   jardín

garlic *(gáalek)*   ajo

giant *(yáient)*   gigante

gift *(guift)*   regalo

giraffe *(yiráaf)*   jirafa

girl *(gueel)*   chica

glad *(glad)*   alegre

glass *(glass)*   vaso

glasses *(gláases)*   gafas

glue *(gluu)*   pegamento

go (to) *(gou)*   ir

goal *(goul)*   gol

gold *(gould)*   oro

good *(gud)*   bueno

goodbye (*gudbái*) adiós

grape (*greip*) uva

grass (*graas*) césped
grasshopper (*gráashoper*) saltamontes

grow (to) (*grou*) crecer

guess (to) (*gues*) adivinar

guitar (*guitáa*) guitarra

gun (*gan*) arma (de fuego)

gymnasium (*yimnéisiem*) gimnasio

hair *(jeer)*   pelo

half *(jaaf)*   mitad

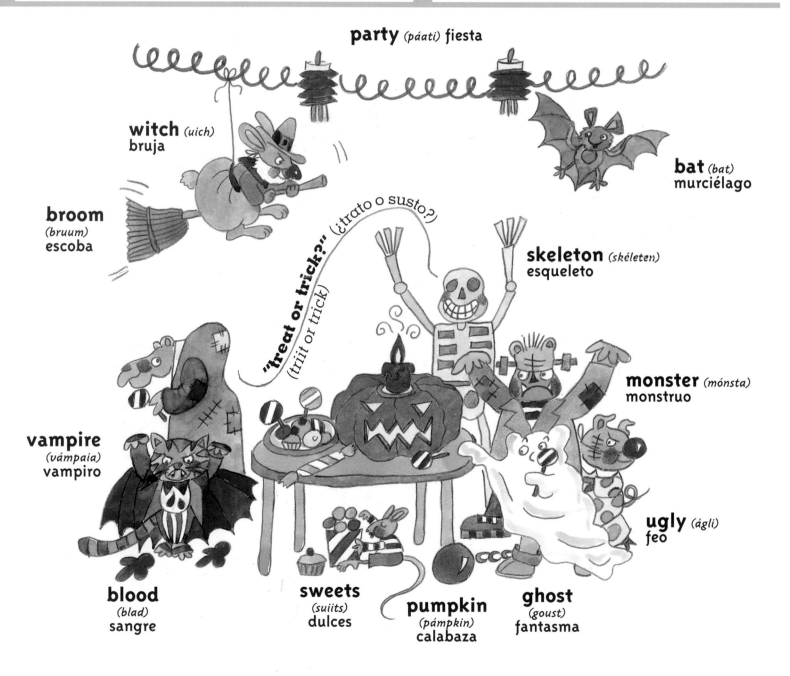

party *(páati)* fiesta

witch *(uich)* bruja

broom *(bruum)* escoba

bat *(bat)* murciélago

skeleton *(skéleten)* esqueleto

"**treat or trick?**" *(triit or trick)* (¿trato o susto?)

monster *(mónsta)* monstruo

vampire *(vámpaia)* vampiro

ugly *(ágli)* feo

blood *(blad)* sangre

sweets *(suiits)* dulces

pumpkin *(pámpkin)* calabaza

ghost *(goust)* fantasma

Halloween *(*jalouiin)*   Halloween (noche de fantasmas y brujas)

* La h inicial inglesa suena en español como una j muy, muy suave.

ham *(jam)*   jamón

hamburguer *(jámbeega)* hamburguesa

hamster *(jámster)*   hámster

hand *(jand)*   mano

handkerchief *(jánkechif)*   pañuelo

happy *(jápi)*   feliz

hard *(jaad)*   duro

hat *(jat)* sombrero

hate (to) *(jeit)* odiar

have (to) *(jav)* tener

head *(jed)* cabeza

hear (to) *(jier)* oír

heart *(jaat)* corazón

heavy *(jévi)* pesado

heel *(jiil)* talón , tacón

helicopter *(jélicopta)*   helicóptero

hello *(jelóu)*   ¡hola!

helmet *(jélmet)*   casco

help (to) *(jelp)*   ayudar

hen *(jen)*   gallina

FOX STREET

here *(jier)*   aquí

hill *(jil)*   colina

home *(joum)*   casa

homework *(jóumueek)*   deberes

horse *(joos)*   caballo

hospital *(jóspitel)*   hospital

hot *(jot)*   caliente

hotel *(joutél)*   hotel

hungry *(jángri)*   hambriento

hurricane *(járiken)*   huracán

ice *(ais)* — hielo

iceberg *(aisberg)* — iceberg

icecream *(áiskriim)* — helado

¡IDEA!

idea *(aidía)* — idea

ill *(il)* — enfermo

information *(informéishon)* información

insect *(insekt)* — insecto

inside *(insáid)* — interior

instrument *(instrement)* instrumento

introduce (to) *(introdíuus)* presentar

inventor *(invénta)* inventor

invisible *(invésebel)* invisible

invite (to) *(inváit)* invitar

iron *(áien)* plancha

island *(áilend)* isla

jacket *(yákit)* chaqueta

jam *(yam)* mermelada
jar *(yaa)* tarro

jeans *(yiins)* pantalones vaqueros

jelly *(yéli)* gelatina

jersey *(yéesi)* jersey

jet *(yet)* reactor

jewel *(yúuel)* joya

jigsaw *(yígsoo)* rompecabezas

jinx *(yinks)*   gafe

job *(yob)*   trabajo

jockey *(yóki)*   jockey

join (to) *(yoin)*   unir

joke *(youk)*   chiste

journalist *(yéenelest)*   periodista

journey *(yéeni)*   viaje

joy *(yoi)*   alegría

judge *(yadch)*   juez

jug *(yag)*   jarra

juggler *(yágla)*   malabarista

juice *(yuus)*   zumo

jump (to) *(yamp)*   saltar

jungle *(yánguel)*   jungla

jury *(yúeri)*   jurado

kangaroo *(kanguerú)*   canguro

keep (to) *(kiip)*   guardar (secreto)

kennel *(kénel)*   perrera

kerb stone *(keeb stoun)*   bordillo

ketchup *(kétshap)*   ketchup

key *(kii)*   llave

kick *(kek)*   coz

kilogramme *(kílogram)*   kilogramo

kind *(kaind)*   amable

king *(kin)*   rey

kiss (to) *(kis)*   besar

kit *(kit)*   caja de herramientas

kitchen *(kitchen)*   cocina (habitación)

kite *(kait)*   cometa

kitten *(kiten)*   gatito

knee *(nii))* rodilla

knife *(naif)* cuchillo

knight *(nait)* caballero

knock (to) *(nok)* llamar (a la puerta)

knot *(not)* nudo

know (to) *(nou)* saber

koala *(kouála)* koala

L

label *(léibel)* etiqueta

laboratory *(labóretri)* laboratorio

ladder *(láda)* escalera de mano

ladybird *(léidibeed)* mariquita

lake *(leik)* lago

lamb *(lam)* cordero

lamp *(lamp)*   lámpara

lance *(laans)*   lanza

landing *(landin)*   aterrizaje

late *(leit)*   tarde

lather *(láada)*   espuma de jabón

lazy *(léisi)*   perezoso

leaf *(liif)*   hoja

leak *(liik)*   gotera

leather *(léda)*   cuero

left *(left)*   izquierda

leg *(leg)*   pierna

lemon *(lémen)*   limón

lend (to) *(lend)*   prestar

leopard *(léped)*   leopardo

lesson *(lésen)*   lección

letter *(léta)*   letra

lettuce *(létes)*   lechuga

library *(láibreri)*   biblioteca

lie *(lai)*   mentira

lift *(lift)*   ascensor

like (to) *(laik)*   gustar

line *(lain)*   línea

lion *(láien)*   león

lip *(lip)*   labio
lipstick *(lipstik)*   lápiz de labios

list *(list)*   lista

listen (to) *(lísen)*   escuchar

little *(lítel)*   pequeño

live (to) *(liv)*   vivir

lock *(lok)*   cerradura

lollipop *(lólipop)*   piruleta

lorry *(lóori)*   camión

love (to) *(lav)*   amar

lucky *(láki)*   afortunado

luggage *(láguech)*   equipaje

lunch *(lanch)*   comida

macaroni *(makeróuni)*   macarrones

magazine *(magesíin)*   revista

magician *(mayíshen)*   mago

magnet *(mágnet)*   imán

make (to) *(meik)*   hacer (fabricar)

man *(man)*   hombre

many *(méni)*   muchos-as

map *(map)*   mapa

marbles (*máabels*)   canicas

market (*máakit*)   mercado

marriage (*márech*)   boda

mask (*maask*)   careta

match (*match*)   partido

mattress (*máttres*)   colchón

meal (*miil*)   comida

measles (*míisels*)   sarampión

meat *(miit)*　　　carne

mechanic *(mekánek)*　　　mecánico

medicine *(médsen)*　　　medicina

menu *(méniuu)*　　　menú

mermaid *(méemeid)*　　　sirena (de mar)

message *(mésech)*　　　mensaje

microphone *(máikrofoun)*　　　micrófono

microwave *(máikroueiv)*　　　microondas

middle *(mídel)* medio

milk *(milk)* leche

mirror *(méra)* espejo

mistake *(mistéik)* error

mix (to) *(miks)* mezclar

mole *(moul)* lunar

money *(máni)* dinero

monkey *(mánki)* mono

January (*yániueri*)   enero

February (*fébiueri*)   febrero

May (*mei*)   mayo

June (*yuun*)   junio

September (*septémbe*) septiembre

October (*októube*)   octubre

Months of the year (*manzs of de yía*)   meses del año

March (*maach*)   marzo

Abril (*eiprel*)   abril

July (*yulái*)   julio

August (*óoguest*)   agosto

November (*nouvémbe*) noviembre

December (*disémbe*)   diciembre

moon (*muun*)   luna

motorbike (*móutebaik*)   moto

motorway (*móuteuei*)   autopista

mountain (*máunten*)   montaña

mouse (*maus*)   ratón

mouth *(mauz)* boca

mug *(mag)* taza (alta)

muscle *(másel)* músculo

museum *(miusíem)* museo

music *(míuusek)* música

mystery *(místri)* misterio

N

nail *(neil)*   uña

name *(neim)*   nombre

napkin *(nápkin)*   servilleta

narrow *(nárrou)*   estrecho

nasty *(náasti)*   desagradable

navel *(néivel)*   ombligo

near *(nía)*   cerca

neck *(nek)*   cuello
necklace *(nékles)*   collar

need (to) *(niid)* necesitar

needle *(nídel)* aguja

neighbour *(néiba)* vecino

nervous *(néeves)* nervioso

nest *(nest)* nido

new *(niuu)* nuevo

newspaper *(níuuspeipa)* periódico

next *(nekst)* siguiente

N

nobody *(nóubody)*   nadie

night *(nait)*   noche

nightdress *(náitdres)*   camisón

noise *(nois)*   ruido

nose *(nous)*   nariz

note *(nout)*   nota

notice *(nóutis)*   cartel

nought/zero *(noot/zírou)*   cero

one *(uan)* 1

 **two** *(tuu)* 2

 **three** *(zrii)* 3

 **four** *(foo)* 4

 five *(faiv)* 5

 **six** *(siks)* 6

 **seven** *(séven)* 7

 **eight** *(eit)* 8

 **nine** *(nain)* 9

 **ten** *(ten)* 10

eleven *(iléven)* 11
twelve *(tuelv)* 12
thirteen *(zeertíin)* 13
fourteen *(footíin)* 14
fifteen *(fiftíin)* 15
sixteen *(sikstíin)* 16

seventeen *(seventíin)* 17
eighteen *(eitíin)* 18
nineteen *(naintíin)* 19
twenty *(túenti)* 20
twenty-one *(túenti-uan)* 21

thirty *(zéeti)* 30
forty *(fóoti)* 40
fifty *(fifti)* 50
sixty *(siksti)* 60
seventy *(séventi)* 70
eighty *(éiti)* 80
ninety *(náinti)* 90

a/one hundred *(a/uan jándred)* 100

a/one thousand *(a/uan zóusand)* 1.000

a/one million *(a/uan mílion)* 1.000.000

numbers *(námbes)*

números

oak *(ouk)* roble

oar *(oor)* remo

obey (to) *(obéi)* obedecer

object *(óbyekt)* objeto

ocean *(óushon)* océano

oil *(oil)* aceite

old *(ould)* viejo

onion *(ónien)* cebolla

only *(óunli)* solamente

open *(óupen)* abierto

opposite *(óposet)* de enfrente

or *(oor)* o

orange *(órench)* naranja

orchard *(óoched)* huerto

orchestra *(óokestra)* orquesta

order (*óoder*) orden

ornament (*óonement*) adorno

ostrich (*óostrech*) avestruz

oven (*áven*) horno

over (*óuver*) sobre (preposición)

owl (*aul*) búho

oxygen (*óksiyen*) oxígeno

oyster (*óista*) ostra

pack *(pak)*   paquete

page *(peich)*   página

pain *(pein)*   dolor

paint *(peint)*   pintura

pair *(peer)*   par

palace *(pálas)*   palacio

palm *(paam)*   palmera

pancake *(pánkeik)*   tortita

panda *(pánda)*   panda

paper *(péopa)*   papel

parachute *(páreshuut)*   paracaídas

parcel *(páasel)*   paquete

park *(paak)*   parque

parrot *(páret)*   loro

passport *(páaspoot)*   pasaporte

pastry *(péistri)*   pastel, hojaldre

patch *(pach)*   parche

pay (to) *(pei)*   pagar

pea *(pii)*   guisante

peace *(piis)*   paz

peach *(piich)*   melocotón

peanut *(pínaat)*   cacahuete

pear *(peer)*   pera

P

pearl (peel)   perla

peel (piil)   cáscara

pen (pen)   bolígrafo
pencil (pénsel)   lápiz

penguin (péngüin)   pingüino

people (píipel)   gente

perfume (péefiuum)   perfume

pet (pet)   animal doméstico

phone (foun)   teléfono

photograph *(fóutograaf)*   fotografía

piano *(piánou)*   piano

picture *(píkcha)*   cuadro

pie *(pai)*   tarta

pig *(pig)*   cerdo

pigeon *(pídyen)*   paloma

pill *(pil)*   píldora

pillow *(pílou)*   almohada

pilot *(páilet)*   piloto

pineapple *(páinapel)*   piña

pipe *(paip)*   tubería

pirate *(páiret)*   pirata

planet *(plánet)*   planeta

plant *(plaant)*   planta

plastic *(plástek)*   plástico

play (to) *(plei)*   jugar

please *(pliis)* ¡por favor!

plum *(plam)* ciruela

pocket *(póket)* bolsillo

poem *(póum)* poema

point (to) *(point)* apuntar, señalar

poison *(póisen)* veneno

police *(poliis)* policía

polite *(poláit)* cortés, educado/a

pollution *(polúusion)* contaminación

poor *(pur)* pobre

postman *(póustman)* cartero

potato *(potéitou)* patata

powder *(páuder)* polvo

pretty *(préti)* bonito

price *(prais)* precio

prince *(príns)* príncipe

prison *(prísen)*   carcel

prize *(prais)*   premio

problem *(próblem)*   problema

profession *(proféshon)*   profesión

puddle *(pádel)*   charco

puppet *(pápet)*   marioneta

purse *(pees)*   monedero

pyjamas *(peyáames)*   pijama

Q

queen *(kuiin)*   reina

question *(kuéstion)*   pregunta

queue *(kiuu)*   fila

quick *(kuik)*   rápido

quiet *(kúaiet)*   callado

quilt *(kuilt)*   edredón

quiz *(kuis)*   concurso

rabbit *(rábet)*   conejo

rain (to) *(rein)*   llover
rainbow *(réinbou)*   arco iris

raincoat *(réinkout)*   impermeable

radio *(réidiou)*   radio

raspberry *(ráasberi)*   frambuesa

rattle (*rátel*)   sonajero

read (to) (*riid*)   leer

recipe (*résepi*)   receta

record (*rékood*)   disco

refrigerator (*rifríyereita*)   frigorífico

remember (to) (*rimémba*)   recordar

repeat (to) (*ripíit*)   repetir

reporter (*ripóota*)   reportero

restaurant *(réstronnt)*   restaurante

reward *(riuóod)*   recompensa

rhyme *(raim)*   rima

ribbon *(ríben)*   cinta

rice *(rais)*   arroz

rich *(rich)*   rico

right *(rait)*   derecha

ring (rin)   anillo

river (ríva)   río

road (roud)   carretera

robin (róben)   petirrojo

robot (róubot)   robot

rock (rok)   roca

roll (roul)   panecillo

roof (ruuf)   tejado

room *(ruum)*　　　habitación

rope *(roup)*　　　cuerda

rose *(rous)*　　　rosa

royal *(róiel)*　　　real

rubber *(rába)*　　　goma

rucksack *(ráksak)*　　　mochila

run (to) *(ran)*

correr

sad *(sad)*   triste

safe *(seif)*   caja fuerte

sailor *(séila)*   marinero

salad *(sáled)*   ensalada

salt *(soolt)*   sal

sand *(sand)*   arena

sandal *(sándel)*   sandalia

sausage *(sósech)*   salchicha

scarecrow *(skéekrou)*   espantapájaros

scarf *(skaaf)*   bufanda

school *(skuul)*   colegio

scissors *(sésas)*   tijeras

screen *(skriin)*   pantalla

sculptor *(skálptor)*   escultor

sea *(sii)*   mar

seal *(siil)*   foca

spring *(sprinn)*   primavera

summer *(sáma)*   verano

autumn *(óotom)*   otoño

winter *(uínta)*   invierno

Seasons of the year *(síisons of de yíe)*   Estaciones del año

seat *(siit)* asiento

see (to) *(sii)* ver

shadow *(shádou)* sombra

shake (to) *(sheik)* temblar

shampoo *(shampúu)* champú

shark *(shaak)* tiburón

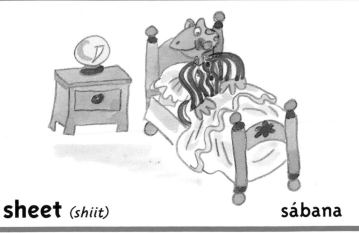

sheet *(shiit)* sábana

shirt *(sheet)* camisa

shoe *(shuu)*   zapato

shop *(shop)*   tienda

short *(shoot)*   corto
shorts *(shoots)*   pantalón corto

shoulder *(shóulder)*   hombro

shout (to) *(shaut)*   gritar

shower *(sháuer)*   ducha

sick *(sik)*   enfermo

sidewalk *(sáiduook)*   acera

sing (to) *(sinn)* cantar

sit down (to) *(sit daun)* sentarse

skateboard *(skéitbood)* monopatín

skin *(sken)* piel

skirt *(skeet)* falda

sleep (to) *(sliip)* dormir

sleeve *(sliiv)* manga

slipper *(slépa)* zapatilla

snake *(sneik)*   serpiente

sneeze (to) *(sniis)*   estornudar

snow *(snou)*   nieve
snowman *(snóuman)*   muñeco de nieve

soap *(soup)*   jabón

song *(sonn)*   canción

soup *(suup)*   sopa

space *(speis)*   espacio

speak (to) *(spiik)*   hablar

S

sport *(spoot)*   deporte

squirrel *(skúirel)*   ardilla

stairs *(steers)*   escalera

stamp *(stamp)*   sello

stand up (to) *(stand ap)*   levantarse

step *(step)*   escalón

store *(stoo)*   almacén (tienda)

strawberry *(stróoberi)*   fresa

street *(striit)* calle

strong *(stronn)* fuerte

student *(stíuudent)* estudiante

submarine *(sabmeríin)* submarino

sugar *(shúga)* azúcar

suitcase *(súutkeis)* maleta

sum *(sam)* suma

sun *(san)* sol

supermarket (*súupemaaket*)   supermercado

surf (*seef*)   oleaje

surprise (*sepráis*)   sorpresa

swing (*suin*)   columpio

sword (*sood*)   espada

table *(téibel)*   mesa

tablecloth *(téibelkloz)*   mantel

tail *(teil)*   rabo

tailor *(téila)*   sastre

talk (to) *(took)*   hablar

tall *(tool)*   alto

tangerine *(tanyeriin)*   mandarina

tape recorder *(teip rikouda)* grabadora

teacher *(tíicha)* — profesor

tea *(tii)* — té
teapot *(tíipot)* — tetera

team *(tiim)* — equipo

tear *(tía)* — lágrima

teeth *(tiiz)* — dientes

telescope *(téliskoup)* — telescopio

television *(télevishon)* — televisión

tell (to) *(tel)*   decir

thank (to) *(zank)*   agradecer

theatre *(zíeta)*   teatro

thick *(zik)*   grueso

think (to) *(zink)*   pensar

thirsty *(zeesti)*   sediento

throw (to) *(zrou)*   lanzar

thumb *(zam)*   pulgar

ticket *(tíket)*   billete

tiger *(táiga)*   tigre

time *(taim)*   tiempo

tired *(táied)*   cansado

toboggan *(tobóguen)*   tobogán

today *(tudéi)*   hoy

toe *(tou)*   dedo (del pie)

together *(togéda)*   juntos

tomato *(tomáatou)*   tomate

tongue *(tang)*   lengua

tooth *(tuuz)*   diente

top *(top)*   cumbre

towel *(táuel)*   toalla

tower *(táuer)*   torre

town *(taun)*   ciudad

train *(trein)*   tren

travel (to) *(trável)*   viajar

treasure *(tréya)*   tesoro

tree *(trii)*   árbol

trick *(trik)*   broma

trousers *(tráuses)*   pantalones

truck *(trak)*   camión

true *(truu)*   verdadero

trumpet (trámpet)   trompeta

T-shirt (tíisheet)   camiseta

tulip (tíuulip)   tulipán

tunnel (tánel)   túnel

turkey (téeki)   pavo

twin (tuin)   gemelo

turtle (téetel)   tortuga de agu

100 one hundred

umbrella *(ambréla)*   paraguas

under *(ánder)*   debajo de

underground *(ándergraund)*   metro

underline (to) *(andeláin)*   subrayar

understand (to) *(andestánd)* entender

underwear *(ándeuer)*   ropa interior

unhappy *(anjápi)*   desgraciado

unicorn *(iunikoon)*   unicornio

uniform *(iuunifoom)*   uniforme

university *(iuunivéeseti)*   universidad

untidy *(antáidi)*   desordenado

upstairs *(apstées)*   arriba

urgent *(éeyent)*   urgente

use (to) *(iuus)*   utilizar

vacuum cleaner *(vákiumklina)* aspiradora

valley *(váli)* valle

vase *(voos)* jarrón

van *(van)* furgoneta

vegetable *(véchtabel)* verdura

vehicle *(víekel)* vehículo

vest *(vest)* camiseta interior

veterinarian (vet) *(veterinéerien)* veterinario

victory *(víktori)* victoria

village *(vílech)* pueblo

vinegar *(víniguer)* vinagre

violet *(váiolet)* violeta

violin *(vaiolín)* violín

visit (to) *(vísit)* visitar

vitamins *(vítamins)* vitaminas

voice *(vois)*   voz

volcano *(volkéinou)*   volcán

vote (to) *(vout)*   votar

vowels *(váuels)*   vocales

voyage *(vóyech)*   viaje

wagon *(uáguen)* vagón

waist *(ueist)* cintura

wait (to) *(ueit)* esperar

wake up (to) *(ueik ap)* despertarse

walk (to) *(uook)* pasear

wall *(uool)* pared

want (to) *(uont)* querer

warm *(uoom)* templado

warn (to) *(uoon)*   avisar

wash (to) *(uosh)*   lavar

watch (to) *(uoch)*   ver (televisión)

watch *(uoch)*   reloj (de pulsera)

water *(uóota)*   agua
wave *(ueiv)*   ola

wax *(uaks)*   cera

way *(uei)*   camino

weather *(uéda)*   tiempo atmosférico

Monday *(mándei)*   lunes

Tuesday *(tiúsdei)*   martes

Wednesday *(uénsdei)*   miércoles

Thursday *(zeésdei)*   jueves

week *(uiik)*   semana

Friday *(fráidei)*   viernes

Saturday *(sátedei)*   sábado

Sunday *(sándei)*   domingo

Days of the week *(deis of de uiik)*   Días de la semana

weight *(ueit)* peso

welcome *(uélkom)* bienvenido

well *(uel)* bien

wet *(uet)* húmedo

whale *(ueil)* ballena

wheat *(uiit)* trigo

wheel *(uiil)* rueda
wheelbarrow *(uiilbarou)* carretilla

whistle *(uísel)* silbido

wide (uaid) ancho

wild (uaild) salvaje

win (to) (uin) ganar

WIND

wine (uind) viento

VINO

window (uíndou) ventana

WINE

winw (uain) vino

wing (uinn) ala

wolf (uulf) lobo

woman (*uúmen*)   mujer

wood (*uud*)   madera

wool (*uul*)   lana

word (*ueed*)   palabra

work (to) (*ueek*)   trabajar

world (*ueeld*)   mundo

write (to) (*rait*)   escribir

wrong (*ronn*)   equivocado

X-ray *(eksréi)*   radiografía

xylophone *(sáilofoun)*   xilófono

X

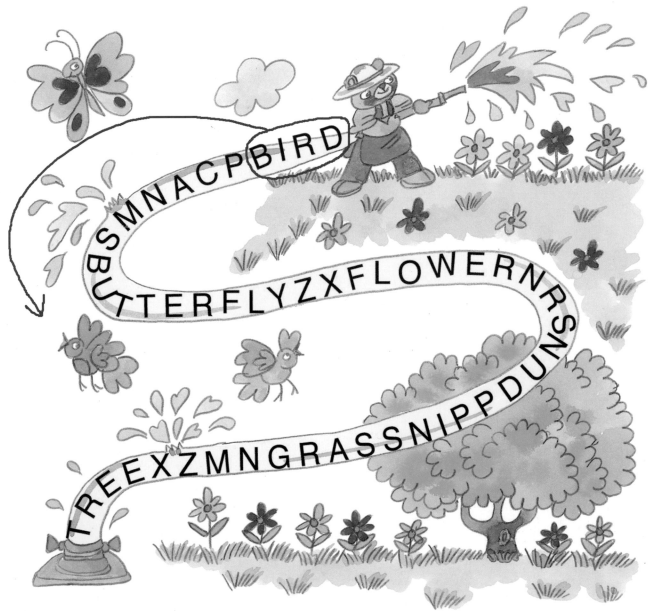

Colour, circle and match...

Colorea, redondea y une las palabras escritas en la manguera con su dibujo correspondiente.

yacht *(iot)* yate

yachting *(iotinn)* regatas

yak *(iak)* yak

yard *(iaad)* patio (de recreo)

yarn *(iaan)* hilo

yawn (to) *(ioon)* bostezar

year *(yía)* año

yes *(ies)* sí

yesterday *(iestedei)* ayer

yield *(yiild)* cosecha, productividad

yoga *(yóuga)* yoga

yoghurt *(ioguet)* yogur

yolk *(iouk)* yema

young *(iann)* joven

yo-yo *(íouiou)* yoyó

yummy *(iámi)* riquísimo/a

zebra *(sébra)*   cebra

zebra crossing *(sébra krósinn)* **paso de cebra**

zero *(sírou)*   cero

zip *(sip)*   cremallera

wizard *(uísed)* **mago**

zodiac *(sóudiak)*   zodíaco

Escribe en los cuadros azules los nombres en inglés de los animales que están en las jaulas del zoo.

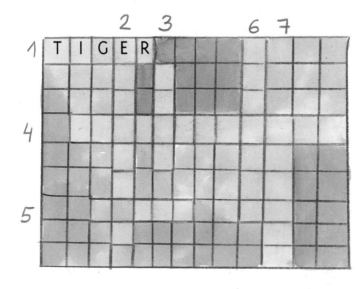

	2	3			6	7		
1	T	I	G	E	R			
4								
5								

1 **TIGRE**

2 **ELEFANTE**

3 **LEÓN**

4 **HIPOPÓTAMO**

5 **SERPIENTE**

6 **JIRAFA**

7 **MONO**

ZOO (suu)   **ZOO**

ÍNDICE